ENTRE MIS HAIKUS

Honorinda Cecín

ENTRE MIS HAIKUS

Honorinda Cecín

Título original: *Entre mis haikus*, 2018
© Honorinda Cecín

© Primera edición, CAAW Ediciones, 2019
ISBN: 978-1-946762-11-5

Ilustración de cubierta: © Katherine D. Rives
Diseño de cubierta: © Faride Mereb

Este título pertenece al *Catálogo Ajiaco* de CAAW Ediciones.
CAAW Ediciones es la división editorial de Cuban Artists Around the World, INC.

Todos los derechos reservados. Esta publicación no puede ser reproducida, ni en todo ni en parte, ni registrada en, o transmitida por, un sistema de recuperación de información, en ninguna forma ni por ningún medio, sea mecánico, fotoquímico, electrónico, magnético, electróptico, por fotocopia o cualquier otra, sin el permiso previo por escrito de CAAW Ediciones.
caawincmiami@gmail.com

A modo de exergo

A mi hermano
José Rafael Cecín de Armas
18 de febrero 1945 - 23 de noviembre 2018

En el sueño te fuiste.
Bordado con el silencio de la eterna noche.
Rota la fuente de tu saber
y a tu rostro abrazado el misterio.
¿Por qué te fuiste?
¿Por qué nos dejaste en el viento y las olas?
¿Por qué tu rostro ahora se oculta y se aleja
y nos sume en el desconsuelo y en la tristeza?
Te fuiste,
sortilegio de años.
Te fuiste,
con tu niñez de pelotas de sueños
y tus coches embadurnados
de colores y arpegios.
Dos a ti llegaron.
Dos a ti te acompañaron
en la rueda de la fortuna
y en la alianza de los hechos.
Bebiste de la fuente del trabajo,
te afianzaste en sus derechos.
Fuiste hijo, esposo, padre,
abuelo, tío,
amigo, primo… hermano.

Fuiste la égida
que aseguraba el futuro,
que abrigaba al hambriento
y que calmaba tempestades.
Fuiste mi sostén
cuando nuestro padre,
cántabro de nacimiento,
abrazó la brisa
y se dejó caer en su nueva morada.
Fuiste.
¿Cuánto fuiste y ahora nos dejas
en las brumas de una vertiente de hiedras?
Tu rectitud de acero
se volvía maleable cuando sonreías
y a todos apoyabas en sus anhelos.
Hoy, cuando el tiempo
te exigió el regreso
a las enhiestas y doradas colinas,
y tu frente se coronó de orlas
por tus justas bien ganadas,
te abrazo, hermano,
te abrazo en el tiempo
de la infancia, adolescencia,
la adultez;
y en la brújula
que se mueve a intervalos
de tu briosa y fúlgida figura
de la intrepidez.

Escribir me alimenta el alma
Me sume en cantos de vida,
en veredas de esperanza.

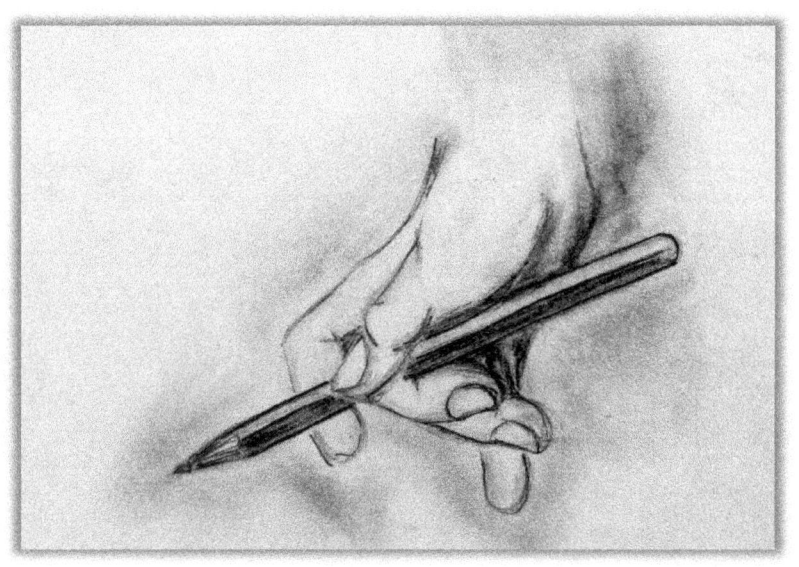

La mano
Alex R. Rives

Mis haikus son nebulosas estrellas que se pierden a lo lejos. En veleros, de hipotética argamasa, navegan, mas el arbitrio del océano los impulsa, a cada instante, y zozobran. Son náufragos errantes, escondidos de la tierra y hasta del propio mar. Vienen vencidos por las luchas intestinas, sin estar preparados para un coloquio de lunas. Se arropan de oro viejo, del que guarda en su seno la verdadera esencia de la justicia - equidad. Pero ¡qué atrevida metamorfosis se vislumbra en la luna del mar! No hay sentido del canto de las aves, ni del translúcido aire, ni de la lluvia que arrastra lo sucio. Ni siquiera la nieve luce su escultura de caminos de etérea blancura. Pero... se hace noche la tarde, en este día mohíno en que mis haikus, mis haikus, quieren echar a volar. Han perdido sus alas en los laberintos hechos de estiércol de golondrina herida. Se sube el organillo a las cumbres de aserrín y mis haikus caen, caen... Caen en el escondrijo donde guardo mis alegrías y mis penas. Y lejos, muy lejos de la maldad de los sueños de este nuevo sarcillo que se adhiere a la piel de la canción, y que solo entona himnos que usurpan los sonidos y ensalzan las notas de lo que nunca fue.

Pero... me echo al monte con mis haikus en esta nueva vendimia de los años del toro. Porque es menester argüir cierta cantidad de fuerza, decisión, fineza para encontrar la sublimación de este arte minúsculo de los haikus, nacidos en la fecunda tierra japonesa donde la poesía camina sin desbrozar los estratos. No he querido alcanzar las raíces, solo honrar, enaltecer a aquellos maestros japoneses del haiku y, a otros tantos, que, admirados por la escultura y auténtica belleza de este arte, han sabido imbricar en unos pocos versos la sublimidad del mundo en un inverosímil trozo poético. Con estos intentos, haber abrazado esa imagen arquitectónica e inferir la naturaleza de ese arte, cumplo con mis deseos.

BRUMAS:

OCASO-RENACER

Verde jardín.
Despertó ante los cantos
de los cerezos.

Mis invernales,
cálidos versos brotan
de mis entrañas.

Retoma el aire.
Vuelve la poesía
a cantar penas.

Vendió amarguras.
Solo penas encontró
en su bregar.

Mágico día.
Acorazado barco
repliega el mástil.

Tiernas alondras
bellos versos crearon
para el invierno.

El plenilunio
iluminó a la fuente
con la verdad.

Junto a la luna,
muy quedo ríe el sauce
de sus tristezas.

¡Hermosa cueva!
Dormito en el azul
de su corazón.

Primeros años.
Corrieron con la prisa
de los conejos.

La vieja flor
se oculta en el desván
de los recuerdos.

Canta el gallo
atendiendo a razones
de jerarquía.

Ven, primavera.
Hay un pesar que te abruma.
Crece la noche.

Hijo, conozco
de tu risa el verano.
Sé muy feliz.

Riego la flor
que devino a la vida
de sementera.

Cuando amanece
llega una brisa ansiosa
que me perturba.

Cayó la sombra
junto al fúlgido estanque
de los recuerdos.

La roja rosa
se enjugó varias lágrimas
y suspiró.

El suspiro de la rosa
Alex R. Rives

Granos de arena
belleza y fealdad
juntos comparten.

Ronda que cruza.
Se despierta el albor.
Roza mi espalda.

La blanca noche
se asienta en la ventana
de primavera.

Cantar yo suelo
cuando por las mañanas
la lluvia cae.

Cuenta la noche
la tristeza del día.
Llora una rana.

¡Entrad, pastores!
Aún duerme el niño.
Despertará.

Flota la imagen.
Mas se obnubila el verso.
No ha de llegar.

Canta la noche.
Fuertes ráfagas caen
dentro de Amor.

Horas y días.
Nostalgias, brumas, sed.
Llega la noche.

Duerme la noche.
Afuera el viento gime.
Dolor y espinas.

Pálida noche.
Nos conjura la brisa.
Árbol desnudo.

Milenios de hambre.
Dormita la quimera.
¿Despertará?

Quimera
Alex R. Rives

Llega la bruma.
Canta el astro al amor.
Se ahondan las almas.

Fiebre de penas.
Corre bravío el río.
Puesta de sol.

Feneces, tarde.
Aún te oigo latir
en las mañanas.

Fiesta de brujas.
Y silenciosamente
la tarde cae.

Se oye un letargo:
Buenos días, tristeza.
Yo te saludo.

La Mona Lisa
con su sonrisa canta.
Amanecer.

Es luna llena.
Las estrellas titilan.
Venus-Cupido.

Anuncia el grillo
el despertar calmoso
del firmamento

A la nostalgia,
baña el atardecer
de álgidas rosas.

Bajan recuerdos
por las escarpadas cumbres
de mi Cantabria.

La viola toca
en los atardeceres
del corazón.

Ya te nos marchas:
Infancia-primavera,
jardín y paz.

En nuestras vidas
asoman las imágenes
de un río seco.

Mañana y cielo.
Se despierta la brisa
junto al molino.

Junto al portón
una risa de niña
canta sus penas.

Milagro y sol.
Murmuran pececitos
dentro del lago.

Un largo abrazo
da la mañana al día
de primavera.

Nieva en los montes.
Se embellecen los campos.
Vuela la paz.

¿De qué escribir?
¿De la noche cansina?
¿De lluvia y mar?

Vuela paloma.
Vuela sin mucha prisa.
De día está.

Rota muñeca.
Pedazos de enseñanza.
Rota niñez.

Triste la luna.
Quedamente te llora
por tus desprecios.

Longeva vida.
Despiertas los recuerdos
de dulce infancia.

Luna de azul.
Tristes momentos míos.
Yo los abrazo.

Besó la luna
sus orladas mejillas
de corazones.

Llega la noche.
Y se oscurece el día.
Ruedan las penas.

¿Has tú llorado?
¿Acaso viste el mar?
Duerme la luna.

Plácido día.
Gotas de lluvia gimen.
Cielo plomizo.

Viento de norte.
Aletargadas nubes.
Se vela el sol.

Llorosas nubes.
Sombrillas de verano.
Lluvia y color.

Fuente de penas.
El día el color trae
marchito y triste.

Con avellanas
celebramos las fiestas
del niño Dios.

Ha amanecido.
Los halagos tributan
a niños-héroes.

Hermoso parque.
Dormita entre nostalgias
de mi niñez.

Sé primavera.
Con vestido de cielo.
Nunca te manches.

Me vuelvo sueño.
Vuelo entre suaves nubes
de mis saudades.

Llega el rocío.
Acaricia mi frente.
Fuerzas me brinda.

Venid a mí.
Tocaré sonatinas
cuando anochezca.

Las horas pasan.
Mil cuchillos se aprestan.
Duerme el reloj.

Suena la sangre
en los tristes colegios.
Negra mañana.

Marcha triunfal.
Llegaron los ejércitos
de luna llena.

No justifiques
el curso de tu idea.
Es muy valiosa.

La buena nueva.
¿A quién caminos abre?
Piensa y verás.

Envuelve al verso
en pañales melódicos
de poesía.

La poesía
sublima a los versos
y los encumbra.

Entre cadenas
vive el verso pulido
sin poesía.

Rosa de mayo.
Despierta entre montañas
de primavera.

La poesía
crece entre hermosos versos
de paz y amor.

Cuando se ríe,
despunta la mañana
y sale el sol.

Entre las cuerdas
de una canción lejana
vibra el dolor.

Ríe mi perro.
Va despierta la brisa
y lo saluda.

CANTO DE LA NATURALEZA

¿HERIDA, ALEGRE, DISPLICENTE?

Con estas lluvias
que caen en silencio
goza mi ser.

La luz asoma
por entre las sensibles
gotas de lluvia.

Junto a la verja
converso con la lluvia
que cae en mí.

Impulsado él,
lanzó al rugiente mar
trozos de espera.

Vuelve a la orilla
rocosa, insobornable,
de estas, sus penas.

Con blanca musa
a la orilla del mar
sueña el pintor.

Dulce susurro.
De mi infancia de ayer
siento a mi río.

Ricos y pobres
en su bregar se bañan
en solo un mar.

El río porta
sinopsis algorítmica:
fuente y mensaje.

Arrastra el mar
a la orilla, vestigios
de los ancestros.

Males aquejan.
Ríos crecidos son.
Ayuda infértil.

La mar añoro.
Llena de claroscuros
y desengaños.

Se aupó la ausencia.
Evocación, morriñas
miran la mar.

Tu sonrisa es
cúmulo de tristezas
en barco anclado.

Con salomónica,
oportuna mirada
salió la luna.

Cae el rocío
sus lágrimas dejando
en mi ventana.

Ríe la estrella
en su nuevo recinto
de plenilunio.

Sucumbe el árbol
por sus hojas raídas
en negra noche.

Árbol desnudo
Alex R. Rives

Se mueve todo
en este arcaico mundo
de luna y sol.

Luna de gris.
Nostalgias que amenazan
a la razón.

Como el cirial
camina a paso lento
el duendecillo.

Mueren los ojos
durante la negrura
de los reproches

¡Un terremoto!
Bulle la tierra en gritos.
Noche de pobres.

Anoche un sueño
golpeó mis mejillas
con desazón.

Mágica luna.
Descansas en lo negro
de abrupta noche.

Arrebolada,
suspiraba la liebre
al ver su amor.

Trajo la hormiga
una liviana capa
para su cena.

Siento en la brisa
el trote de mi yegua
frágil y ralo.

En estos días
se me trueca la imagen
del colibrí.

Se hizo el silencio.
Un pajarillo canta.
Dulce gemir.

Pajarillo
Katherine D. Rives

Hormiga y sol:
Lentitud-rapidez
en la pradera.

Ríe la liebre.
Regresa la primavera
entre los prados.

Portón dormido.
Entre los pedregales
corren las fieras.

La dúctil zarza
el hocico estiró.
Amarga espina.

¡Oh, primavera!
Florecillas de miel
con mariposas.

Liba la abeja
junto a mis enmohecidas
y sosas lágrimas.

Llanura inmensa.
Arroz, trigo, cebada.
Lloran los mundos.

La astuta oruga
va con traje de seda
para el festejo.

Siembra cariños
y recogerás frutos
almibarados.

Es de la lógica
la faena en cadenas
de las hormigas.

Duermen los mitos
en las finas membranas
de magnos pueblos.

Vuela el zunzún
hacia el dulce oropel
del corazón.

Cayó la mosca
marcada por la prisa
de su alimento.

Riega la luna
de sonrisas la noche.
Nacen estrellas.

Gime la casa.
Ventanas sin color.
La lluvia arrecia.

Trae la hormiga
trozos de bendición
para su cena.

Lagos cubiertos
de risa deprimida.
Yacen las almas.

Canijo estoque.
Con suspiros de luna
barrunta el alma.

En mis sentidos
aletargada duerme
la fina lluvia.

Ando caminos.
Ríe el plácido río.
¡Cuánta verdad!

La luna riela.
Cae un furtivo beso.
Eros titila.

El gallo canta,
mientras ríen gallinas
en el corral.

Vuela, paloma.
Tu clásico sendero,
abre la paz.

Flora más fauna.
¡Qué fehaciente emoción!
Sueña la tarde.

Fauna
Katherine Rives

Lazos de historia.
Ríos de grandes fuegos.
Islas Galápagos.

A la carreta
que cansada chirría,
truenos alcanzan.

Lamentos. Voces.
En la playa desierta
luna menguante.

Cuenta la oruga
de su metamorfosis
en mariposa.

Sentí la lluvia
agolparse en las venas
de mis saudades.

Traen los ríos
después de la tormenta
su infernal carga.

Suelo llorar
si el montecillo gris
a mí no llega.

Venus llegó.
El océano canta
su bienvenida.

Tu caro nombre
grabé en la luna, Madre.
Amor y fe.

Toca el arco iris
su orquestación triunfal.
Se alza la tarde.

Llora la mar.
Una lágrima aflora
en su recuerdo.

Recuerda el mar
con su lamento insomne
penas de amor.

El río trae
el corazón dormido
de viejos tiempos.

Llevo la carga
de un desierto paisaje
muerto a lo lejos.

Corren los patos
tras jubiloso encuentro
con agua y pan.

Lluvia que cae.
Razones en el cielo.
Ventanas lloran.

¡Oh, nuestro mar!
Reluce sin misterios
y sin tristezas.

Cae la lluvia.
Dispersa y suavemente
junto a la verja.

Siento la lluvia.
Mas nieva todavía
en la alacena.

Mi Ariguanabo.
Mi río de nostalgias.
Allí nací.

Te escucho, lluvia.
En mi ventana asomas.
Día feliz.

La flora y fauna.
Paisajes de verano
en dulce tierra.

El colibrí
a la flor susurró
dulces misterios.

Por un aplauso
a su canto melódico,
lloró el jilguero.

Sol y lluvia.
Escasas nubes duermen
en las ventanas.

Pájaro cuco
abanicó con su ala
al tomeguín.

Turbios mosquitos
Aparecen… se van.
Afuera llueve.

Tranquilo día.
Gotas de lluvia caen.
Plomizo cielo.

Un verde pasto.
Ovejas, cabras, vacas.
Charlan y comen.

Me inclino ante ella.
Naturaleza sabia.
Luz y color.

Llegaron mirlos.
Peregrinos nostálgicos.
Dulces canciones.

Le otorga al mar
su sombrero de plumas
y después llora.

Desierta la ruta.
Danzan las golondrinas
junto a su mar.

Tropel de risas
se descubrió en el lago.
Niños felices.

Subí a los montes
de escarpadas laderas.
Sentí la paz.

Se adormeció.
Vencida por la danza
en la pradera.

¡Albricias! ¡Vi
al rayo caminar
entre las tejas!

Brotó del mar
una estrella de luz
que me besó.

Cantando vino
el sabio caracol
hacia la orilla.

Rompe el silencio
el gutural sonido
de la tormenta.

Renos alados.
Engalanan los cielos
del corazón.

Fuertes montañas
de aguerrida sapiencia.
Rogad por mí.

La montaña
Alex R. Rives

DIVERSIDAD EN EL TIEMPO

La nieve cae.
Se asienta sutilmente
en mis arterias.

Medran los pétalos.
Se arrullan entre sí
como palomas.

El grácil río
se llenó de recuerdos
con su presencia.

Sube la bruma.
Debajo quedan horas
de sus tristezas.

Van desgranándose
gruesos copos de nieve.
Lloran las almas.

Ruge el viento.
A solas la ventana:
sueña y espera.

El tiempo muere
con su reloj cargado
de soledad.

Labora el tiempo,
con fehaciente dolor
y gran mutismo.

De suave brisa
aprisiona sus cabellos
el tenue frío.

Lleva la niña
asida en su regazo
feliz mañana.

Afuera nieva.
Se cierran los caminos.
Rezan los pobres.

De mi calle hueca
la luz asoma en sombras.
Voz y saudades.

Roto el amor.
Afuera brama el viento.
Claros sin luz.

El inmigrante:
Mariposa sin alas.
¡Ay, mi dolor!

Llegó el invierno.
Sin nido y sin amor.
¡Mi golondrina!

Ruge la calle.
Tormenta y policías.
Casa en tinieblas.

La serranía.
Tiempo de viejas grutas.
Luz y color.

¡Céfiro, ríe!
¡Tú, primavera, amiga!
¡Cuánto verdor!

¡Cuánto las quiero!
Dispersas y atrevidas
mis nubes son.

Despierta el monte.
El serranillo va.
Triste camino.

Baña el rocío
a la oronda laguna
de los nenúfares.

Suena la música
en la invernal vereda
de amor sembrada.

Junto a la fuente
cantan los organillos
del dulce amor.

Nieve de abril.
Así despierta y llora
el monte helado.

Vientre de esclavo.
Rumia entre sus cadenas
hambre y dolor.

Se ahogan los mundos.
Estudiad de cultura
junto al hogar.

Juega la flor
con su triste cabello.
Llega la nieve.

¡Color violeta!
De fiesta va vestida
la niña gris.

Añil de bruno.
Agorero es el tiempo.
Descansa el gris.

Adviento y rosas.
Memorias, claroscuros.
Niño y Belén.

Llega la musa
entre la enredadera,
por los rincones.

La tierra vibra
cuando el alado rayo
la serpentea.

La escasez ahoga.
Rompe los aldabones
de tu morada.

¡Verano al fin!
Regocijo de fiestas
en los laureles.

El bongó suena.
Negros, blancos asoman.
Rumba de sol.

En el invierno,
despierta sueño a veces,
con verdes hojas.

Roza la bruma
con el alma transpuesta
de la justicia.

Juega el dinero
con la amarga sonrisa
de los despojos.

De terciopelo
y rico armiño lucen
galas los ricos.

En el desván
guardo feliz recuerdo
de mi niñez.

Gélido invierno.
La nieve en el jardín
bosteza y ríe.

Como a la espera,
a sus sueños de niña
no llega el sol.

Trae la brisa
un efluvio de mar
de caracolas.

Llama el dolor
a su puerta de invierno
cerrada y triste.

Llega un susurro
por la oscura trastienda
de los recuerdos.

En los inviernos
del áureo portón
crecen matices.

Una manzana
arrebolada muere
sin corazón.

A muertos huele.
A camisas mojadas.
Ríos de penas.

Solloza en él
la noria de sus sueños.
¡Ay, qué sufrir!

Giran los vientos.
Desusada violencia
arrasó su alma.

Estoy cruzando
despierta la marea
del tiempo muerto.

¡Ella alucina!
¿En la ventana de oro,
la madre está?

Corre el labriego.
Se ha roto el monte azur
de su ilusión.

Venecia vive
en la aurora poética
de esas, sus góndolas.

Tú, primavera,
una mágica música
de sol y luces

Lengua de encaje
es mi rico español.
Son y guitarra.

Cruje el almácigo.
Avanza el huracán.
Espanto y pena.

La tormenta
Alex R. Rives

Llega despacio.
Cruza la niebla mi alma.
Se ha roto el sol.

Vuelan las nubes
con su orquesta invernal.
Fríos plañidos.

Cae la nieve:
copiosa, fantasmal.
En su guarida.

Monstruosa pena.
Sus lágrimas se vierten
entre sus fuegos.

Se torna enhiesta
la justicia verbal
que nos defiende.

Llamea el oro.
Atrevidas figuras
huelen la muerte.

Penas y penas.
Adoloridas cruzan
por los senderos.

Llegó la nieve.
Entre ventiscas, brumas
canta el amor.

En mí subyace
la nostalgia de un dulce
canto otoñal.

El reloj marca
el pujante inicio
de abismal tromba.

Juega la gota
de lluvia ignota y fría
con tu cabello.

Una ventana.
Tras la reja un perfume
de amor en flor.

Se balancea
la nieve en las alforjas
de los recuerdos.

Contar los años
de inmigrante: martirio,
gestión aciaga.

¡Cuánto dolor!
El jinete fenece
en la alborada.

Leer, leer.
Se detiene el reloj
junto a su sombra.

El hambre deja
la razón puntiaguda
y fría el alma.

El hambre deja
afiladas las almas
y la razón.

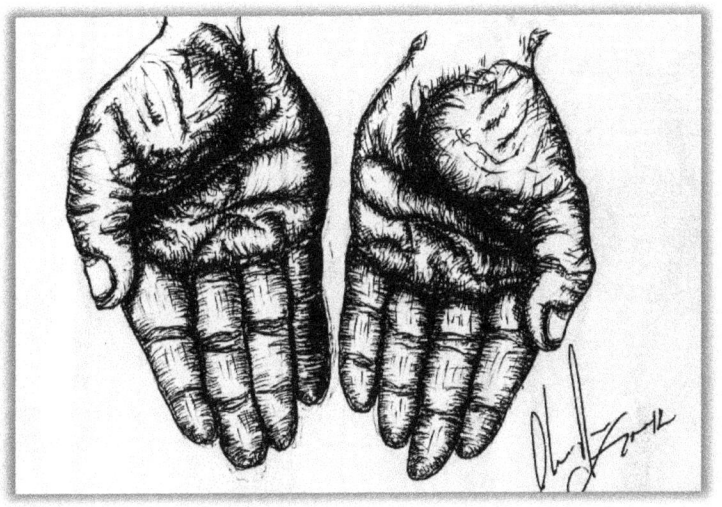

Hambre
Alex R. Rives

¡Buenaventura!
Te cantan a ti los dioses.
¡Ay, soledad!

Sin ver escribo.
Es mi alma con insomnes
sonidos, vuelos.

Persigo ideas.
No enclaustrados estilos
en mis inviernos.

Nieve de otoño.
Con sortilegio irrumpe.
Me abraza y llora.

Se caen hojas
sonrientes en la tierra.
Un bello otoño.

¿Por qué te fuiste?
Te espero, madre, siempre.
Junto a tu amparo.

Vuela la brisa.
Entre estos, mis rincones.
Muy tenuemente.

Vestidos. Fiesta.
Estruendoso final
las penas trajo.

Casi llegaste.
Con tus dulces colores.
Navidad, te amo.

El viento roza.
Y el invierno suscita
un triste canto.

Mi alrededor
es una escena mágica
de castañuelas.

El puente llora
ante el derrumbe trágico
de su figura.

Al volver sola
de mis jocosas nubes,
dolor sentí.

Cellisca, niebla.
Un lobo rompe el tiempo.
Ferocidad.

Se ha roto el cielo.
Aviones surcan plazas
sin compasión
.

¡Las carabelas!
Entre sueños viajaron
hasta las Indias.

Prendida al mundo
camina la amistad
entre las redes.

Riega el volcán
en esos pobres campos
su ardiente pena.

En esta lucha
de gigantescos pueblos
vence la paz.

Un solo canto
dentro de una mañana.
Despierta el haiku.

La luna asoma.
Portadora de luz.
Canta la noche.

Se abre la puerta.
Un cálido airecillo
recuerdos trae.

El viejo abrigo
en el desván dormita
su soledad.

El viejo órgano
susurró una tonada
al corazón.

Por la orillita
del río verde-azul
yo caminaba.

Zurce la madre,
mientras aún añora
la primavera.

Al alba viajo
entre suaves crepúsculos
de mis ancestros.

Ruge el viento
y cae la cellisca
sobre su espalda.

El montecillo.
Empina sus colores.
Suspira y ríe.

Niños con risa.
Despiertan la dulzura
y la canción.

Infancia, sueños.
Con ellos voy al sendero
de mis inviernos.

Niñez
Katherine D. Rives

Sobre la autora:

Mercedes Honorinda Cecín de Armas (San Antonio de los Baños, Cuba, 1943). Graduada del Instituto Superior Pedagógico Enrique José Varona de la especialidad español-literatura, en 1976. Durante más de 30 años ejerció como profesora y metodóloga de español y literatura en Cuba.  Recibió cursos de posgrado sobre metodología de la enseñanza, redacción y sintaxis, y teoría literaria. Desde 1999 residió en Cantabria (España), tierra natal de su padre. Más tarde viajó por Francia y México hasta establecerse en Miami. Escribe versos desde joven y entre sus trabajos escritos se encuentran: *La odisea de los tres juanes en el camino de Santiago* (1982), *Un poema y dos estructuras —estudio lingüístico-estructural de las versiones del poema Los dos príncipes, de Helen Hunt Jackson y la traducción de José Martí–* (1984), *Estudio lingüístico-estructural de En el teocalli de Cholula* (1985), presentados en la Facultad de Letras, UNIVH. Además de estudios sobre Alejo Carpentier, José Martí y José María Heredia. En 2018, publicó en Miami su primer libro de poesía, *Abierta está la herida* (CAAW Ediciones).

caawincmiami@gmail.com
www.cubanartistsaroundworld.com

www.ingramcontent.com/pod-product-compliance
Lightning Source LLC
Chambersburg PA
CBHW022118040426
42450CB00006B/756